MEL BAY PRESENTS

SONGS OF SPAIN

CANCIONES DE ESPAÑA

PIANO/VOCAL

BY JERRY SILVERMAN

Visit us on the Web at http://www.melbay.com — E-mail us at email@melbay.com

Contents

Cuando no lleva lucero
When Venus Does Not Appear

Fandango

Cuan - do no lle - va lu - ce ro,_____ ¡Qué
When Ve - nus does not ap - pear in____ the skies,

tris - te que va____ la____ lu - na.____ Cuan -
sad it does seem____ the____ moon____ is.____ When____

do_____ no lle - va_____ lu - ce
Ve - nus_____ does_____ not ap -

Lágrimas
Tears

Malagueña

o - jos_____ La ca - lle fue - ra re - gan-do,_____

her eyes,_____ The street would be in - un - dat - ed,_____

La ca - lle fue - ra re - gan-do._____

The street would be in - un - dat - ed._____

La caña
Sugar Cane

In this song "caña dulce" – sweet sugar cane – refers to a woman

Andalusia

Dm

E Dm E Dm E E7

Am E Am E7 Am E Am Am/G

Na - die se fie en te - ner,_____
Que_a-quel que más se_a-se - gu - ra,
You should nev - er, ev - er grasp,_____
He who takes the big-gest chan - ces,

Na - die se fie en te - ner_____
Que_a-quel que más se_a-se - gu - ra,
You should nev - er, ev - er grasp_____
He who takes the big-gest chan - ces,

F C Dm rit

u - na sar - tén por el man -
Lle - va ma - yor sar - te - na -
A hot skil - let by its han -
Will re - ceive the big - gest bruis -

E Dm E Dm 1. E Dm E7

go,_____
zo._____
dle._____
es._____

8

11

Un niño cieguecito
A Little Blind Boy

Pies lla llos güeyinos
Close Your Sleepy Eyes

The text of this lullaby is in Galician

Asturias

Que lla Vir-ẍen mas ga-la-na Ye que hay en es-ti pue-
Que llos an-ẍe-li-nos ba-ẍen Y que cu-ri-en del tó sue-
Let the Bless-ed Vir-gen, gra-cious and so gen-tle, come down to our
Let the lit-tle an-gels come down here from heav-en, and rock you to

blu,
ñu.
town.
sleep.

Pies lla llos güe-yi-nos, ñe - ñu.

Close your sleep-y eyes, my lit-tle one.

ya!   E - ya!   E - ya!

Alalá

"Alalá" is a general term for a melody without lyrics which is vocalized with syllables such as: "la, le, lo..." etc.

¿Dime, artillerito, dónde vas?
Oh Say, Young Artillery Man, Where You're Bound

Asturias

Marcha–alborada
Dawn–March

The text is in Galician. Note the wordplay in the second verse: "casa...casei" ("house...get married").

Galicia

A dormir va la rosa
Now To Sleep Go The Roses

A dor- mir va — la ro- sa——— De——— los ro -
Now to sleep go— the ros- es——— On——— the rose——

sa - les,——— A dor- mir— _va mi ni - ño,—— Por -
bush- es,——— Now to sleep— will go my child,—— Be -

que——— es tar - de, Por que——— es——— tar - de.
cause——— it is late, Be - cause——— it——— is——— late.

Duérmete, niño mío	Go to sleep, oh, my child,
De mi corazón,	Child of all my heart.
Te acompaña la Virgen	The Virgen will go with you,
y el niño de Dios	And the Son of God.
Duérmete, niño mío,	Go to sleep, oh, my child,
Duerme sin miedo,	Sleep without fear,
Aunque silben los aires,	Although the winds do whistle,
Gruñan los perros.	Barking dogs are near.
No llores, niño chiquito,	Don't cry my little baby,
Que las flores se marchitan;	That the flowers are wilting.
Niño chiquito, no llores,	Little one, don't cry,
Que se marchitan las flores.	That wilting are the flowers
Duérmete, niño chiquito,	Sleep, my little baby,
Duérmete y no llores más,	Sleep, and do not cry,
Que vendrán los angelitos	For the angels soon are coming,
Del cielo y te llevarán.	For to carry you on high.
Duerme, niño chiquito,	Sleep, my little baby,
Que viene el coco	Or the bogeyman will creep,
Y se lleva a los niños	And will take away the children
Que duermen poco.	Who do not go to sleep.

Cansó de sega
Harvest Song

Slowly   Mallorca

Ah!_____ Si no fos p'es car - re -

Ah!_____ The wheel bar - row is so

to!_____ Ah!_____ Ah!_____

heav - y! Ah!_____ Ah!_____

_____ Que va dar - re - ra, dar - re - ra!

_____ How I wish that I could leave it!

Moza navarra–Navarra Beauty
Pastora–Shepherdess

The next five arrangements consist of two jotas each, joined together.

Por- que_e- res, mo - za na - va - rra,_____ ¡gua-pa!_____
Since you are, girl of Na - va - rra,_____ pret - ty!

21

Mi - ra si yo te que - rré._____
Just see how I will love you._____

Por - que_e - res, mo - za na - va - rra,____ ¡gua - pa!____
Since you are, girl of Na - va - rra,____ pret - ty!____

Que ten - go ce - los del sol,_____ Cuan - do_a -
I am burn - ing like the sun,_____ Ev' - ry

ca - ri - cia tu ca - ra,____ ¡gua - pa!____ Cuan - do_a - ca - ri - cia tu ca - ra,
time I do ca - ress you,____ ba - by!____ Ev' - ry time I do ca - ress you.__

Por-que_e-res,mo-za na-va-rra,_____ ¡gua-pa!_____
Since you are, girl of Na-va-rra,_____ pret- ty!_____

Pas - to - ra del_____ mon-te_al lla- no,_____
Shep-herd of the_____ moun-tain plain,_____

23

Ya ten - go ga - nas que ba - jes._____
I de - sire that you do come down._____

Pas - to - ra del___ mon - te_al lla - no,___
Shep - herd of the___ moun - tain plain,_____

"Pa" con - tar - te las tris -
To tell you of all the

te - zas_____ que_he pa -
sor - rows_____ that have

Venías de la Mejana–You Came From La Mejana
Morena salada–Dark-Haired Enchantress

Ve - ní - as de la Me - ja - na, de la Me - ja - na,
You came here from la Me - ja - na, from la Me - ja - na,

can - tan - do co-mo_un jil - gue - ro, co-mo_un jil - gue - ro.
and sing - ing just like a gold - finch, just like a gold-finch.

Ve _ ní - as de la Me - ja-na, de la Me - ja-na,_____
You came here from la Me - ja-na, from la Me - ja-na,_____

y_e - ra tu ca-ra bo - ni - ta, ca-ra bo - ni-ta,_____
Your face was so ver-y pret-ty, so ver-y pret-ty,_____

co - mo_el sol de_____ la ma - ña-na,_____
Like the sun-rise_____ in the morn-ing,_____

co - mo_el sol de la - ña - na, de la ma - ña-na,_____
Like sun - rise in ear-ly morn-ing, in ear-ly morn-ing,_____

can - tan - do co - mo_____ un jil - gue - ro._____
You were sing - ing just_____ like a gold-finch._____

Que te quie - ro,_____ mi vi - da,_____ te quie - ro._____
How I love you,_____ my sweet-heart,_____ I love you._____

28

Que me mue-ro,___ mi vi - da,___ me mue- ro,___
It would kill me,___ my sweet-heart,___ would kill me,___

que me mue-ro,___ mi vi - da,___ me
It would kill me,___ my sweet-heart,___ would

mue- ro,_____
kill me,_____

Tú lo sa - bes,___ mo-
And you know it,___ my

re - na___ sa - la - da._____
dark-haired___ en - chant- ress._____

Very Fast

30

Eres águila real–You Are A Royal Eagle
Yo quisiera ser guitarra–I Would Like To Be A Guitar

Jota

En el   pi - co   lle - vas   flo - res,_____   e - res
In your beak you__ car - ry   flow-ers,_____   you're the

á - gui - la   re - al._____   En   el   pi - co   lle - vas
ea-gle, king   of   birds._____   In   your beak you   car - ry

flo - res,_____ en las a - las a - le -
flow-ers,_____ On your broad wings there is

grí - a,_____ y_en el co - ra - zón, a - mo - res,_____
glad-ness,_____ In your heart love_____ shows its pow-ers._____

y_en el co - ra - zón, a - mo - res._____
In your heart love shows its pow-ers._____

E - res á - gui - la re - al._____
You're the ea - gle,_____ king of birds._____

Moderately

Con las cuer - das bien, con las cuer - das bien tem - pla - das,———
With my six strings well, with my six strings all well tuned up,———

yo qui - sie - ra ser, yo qui - sie - ra ser gui -
I would like to be, I would like to be_a gui -

ta - rra.
tar.

Con las cuer - das bien, con las
With my six strings well, with my

cuer - das bien tem - pla - das,
six strings all well tuned up,

pa - ra
So that

can - tar bien, pa - ra can - tar bien la jo - ta
I could sing, so that I could sing the jo - ta

al es - ti - lo de, al es - ti - lo de Na - va,
in the style of, in the style of Na - va,

Dije que no te quería–I Said That I Did Not Love You
Algún día, vida mía–Every Day, My Darling

Y_o-tra vez vuel-vo_a bus - car - te,_____
Re-cent - ly I came to seek you,_____

di - je que no te que - rí - a,_____
I said that I did not love you,_____

Y_o-tra vez vuel-vo_a bus - car - te,_____
Re-cent-ly I came to seek you,_____

con el co-ra-zón par - ti - do._____
With my heart com-plete-ly bro - ken._____

Llo-ran-do go-tas de san - gre,_____
Weep-ingblood-y tears of sor - row,_____

llo-ran-do go-tas de san - gre,_____
weep-ing blood-y tears of sor-row,_____

37

Di - je   que no te   que - rí - a._____
I said   that I did   not love you._____

E - ra   mi   re - ga - lo_el ver - te,_____
It was   my great joy   to   see you,_____

38

al- gún dí - a vi - da mí - a.
ev - 'ry day, my dar - ling sweet - heart,

E - ra mi re - ga - lo ver - te,
It was my great joy to see you,

y_aho-ra tan - to se me da,
But to-day its all the same,

el ver - te co-mo_el no ver - te,
wheth- er I do see you or not,

el ver - te co-mo_el no ver - te,————
wheth-er I do see you or not,————

al - gún dí - a vi - da mí - a.————
ev-'ry day, my dar - ling sweet - heart.————

Navarrica, navarrica– The Girl From Navarra
Compré una mula en Tafalla–I Bought A Mule In Tafalla

Very Fast

Jota

Qué te das por las ma - ña - nas,_____
You give your - self in the morn - ing,_____

Na - va - rri - ca, na - va - rri - ca, que lin - da e - res,___ que gua - pa_es -
Na - va - rri - ca, Na - va - rri - ca, how pret - ty you are,___ how beau - ti -

Moderately

41

con la_e-sen-cia de tu ca-ra, que lin-da e-res,____ que gua-pa_es-
With the es-sence of your vis-age, How pret-ty you are,____ how beau-ti-

tás,_____ Na-va-rri-ca_y de Ta-fa-lla._____
ful,_____ Na-va-rri-ca from Ta-fa-lla._____

Very Fast

G7

G7

C

F

C   G7   C   G7

Moderately

Com - pré_u - na mu - la_en Ta - fa - lla,_____ Com-
I bought a mule in Ta - fa - lla,_____ I

pré_u - na mu - la_en Ta - fa - lla, pa - lo - ma mí - a, pren - da_a - do - ra - da,_____
bought a mule in Ta - fa - lla, my lit - tle dove, oh, my dar - ling dear love,_____

Y se me mu - rió_en O - li - te._____
He died on me in O - li - te._____

La mu - la yo no la pa - go, pa - lo - ma mí - a, pren - da_a - do -
I won't pay them for the mule now, my lit - tle dove, oh, my dar - ling

Viva la Quince Brigada
Long Live The Fifteenth Brigade

This and the following three songs date from the Spanish Civil War (1936-1939). The Fifteenth Brigade was the International Brigade of the Spanish Republican Army. It was composed of men from a number of countries around the world who saw in Franco (whose cause Hitler championed) a threat to world peace. During the McCarthy era of the 1950s, Americans who had fought in the International Brigade were labeled "premature anti-fascists."

Luchamos contra los moros, Rhumbala, rhumbala, rhumbala. ⎤2 Mercenarios y fascistas, ¡Ay Manuela! ¡Ay Manuela! ⎤2	We are fighting 'gainst the Moors, oh, Rhumbala, rhumbala, rhumbala. ⎤2 They are mercenaries and fascists, Ay Manuela! Ay Manuela! ⎤2
Solo es nuestro deseo, Rhumbala, rhumbala, rhumbala. ⎤2 Acabar con el fascismo, ¡Ay Manuela! ¡Ay Manuela! ⎤2	We have only one desire, Rhumbala, rhumbala, rhumbala. ⎤2 That's to put an end to fascism, Ay Manuela! Ay Manuela! ⎤2
En el frente de Jarama, Rhumbala, rhumbala, rhumbala. ⎤2 No tenemos ni aviones, Ni tanques, ni cañones, ¡Ay Manuela! ⎤2	In the front lines of Jarama, Rhumbala, rhumbala, rhumbala. ⎤2 We do not have any airplanes, Or tanks, or any cannons, Ay Manuela! ⎤2
Ya salimos de España, Rhumbala, rhumbala, rhumbala. ⎤2 Por luchar en otros frentes, ¡Ay Manuela! ¡Ay Manuela! ⎤2	Now from Spain we are departing, ⎤2 Rhumbala, rhumbala, rhumbala. For to fight in other battles, Ay Manuela! Ay Manuela! ⎤2

Si Me Quieres Escribir
If You Want To Write To Me

Units composed of Moroccan soldiers fought with Franco's forces against the Republican Army. The "Moor" in the third verse refers to one of these soldiers.

Si tú quieres comer bien, Barato y de buena forma, ⟩2	If you want to dine quite well, Cheaply, yet in proper manner, ⟩2	
En el frente de Gandesa, Alli tienen una fonda. ⟩2	In the front lines near Gandesa, There they have a little tavern. ⟩2	
En la entrada de la fonda Hay un moro *Mojamé*. ⟩2	At the entrance to the tavern There's a Moor who's called Mohammed, ⟩2	
Que te dice, "Pasa, pasa, ¿Qué quieres para comer?" ⟩2	Who says to you, "Enter, enter. What would you like for your dinner?" ⟩2	
El primer plato que dan Son granadas rompedoras. ⟩2	Well, the first course that they serve you Is made up of hand grenades. ⟩2	
El segundo de metralla, Para recordar memorias. ⟩2	And the second is machine guns, So you won't forget this day. ⟩2	

Venga jaleo
Join In The Struggle

El die - cio - cho día de ju - lio,_____ En el pa - tio
It was Ju - ly the eight-eenth,_____ On the pa - tio

de un con - ven - to,_____ El pu - e - blo_____ ma - dri - le - ño,_____
of an old con - vent,_____ In the ci - ty_____ of Ma - drid,_____

Fun - dó el Quin - to Re - gi - mien - to._____ ¡Ven - ga ja-
That the Fifth Re - gi - ment was found - ed._____ Join in the

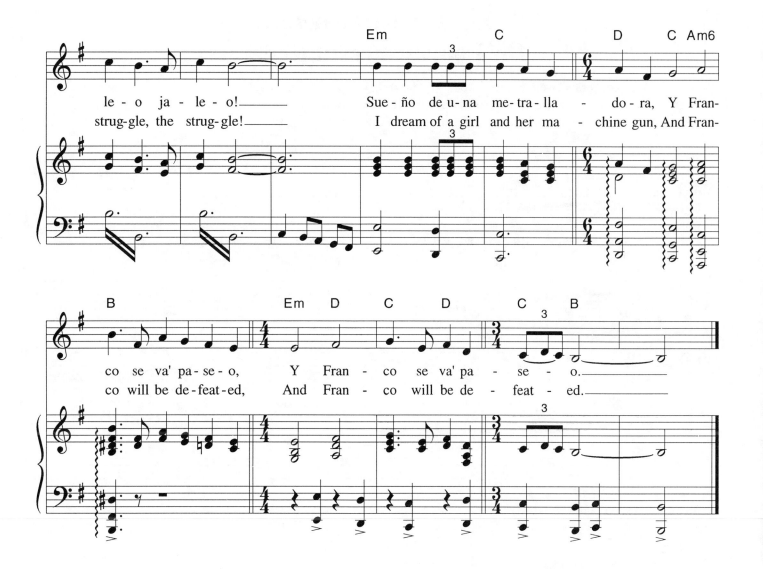

Con el Quinto, Quinto, Quinto,
Con el Quinto Regimiento,
Tengo que marchar al frente
Porque quiero entrar en fuego. *Chorus*

Con los cuatro batallones
Que están Madrid defendiendo,
Va toda la flor de España,
La flor mas roja del pueblo. *Chorus*

Madre, madre, madre
Vaya usted mirando,
Nuestro regimiento
Se aleja cantando. *Chorus*

With the Fifth, the Fifth, the Fifth,
With my regiment I'm leaving.
I must march up to the front line,
For I want to join the battle. *Chorus*

With the noble four battallions
That Madrid has to defend her,
Goes the flower of Spanish people,
Yes, the reddest Spanish flower. *Chorus*

Mother, mother, mother,
Won't you come and see in wonder,
Just how our regiment
Takes its leave while bravely singing. *Chorus*

Los Cuatro Generales
The Four Insurgent Generals

The "four generals" were Franco, Mola, Varela, and Queipo de Llano. Each one was in command of one of the four columns advancing on Madrid in 1936. The term "fifth column" was coined by Franco at this time in referring to the traitors operating for him within the gates of the city.

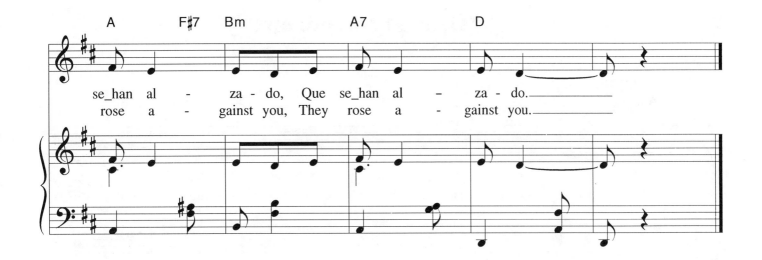

se_han al - za - do, Que se_han al - za - do._____
rose a - gainst you, They rose a - gainst you._____

Madrid, qué bien resistes,   (3)
Mamita mía,
Los bombardeos, los bombardeos.

De las bombas se rien,   (3)
Mamita mía,
Los madrileños, los madrileños.

Para la Nochebuena,   (3)
Mamita mía,
Serán ahorcados, serán ahorcados.

Madrid, how well you stand up,   (3)
Mamita mía,
To the bombardments, to the bombardments.

At the bombs they are laughing,   (3)
Mamita mía,
The *madrileños,* the *madrileños.* *

By Christmas holy evening,   (3)
Mamita mía,
They'll all be hanging, they'll all be hanging.

* Citizens of Madrid.

¡Ay! Linda amiga
Ah! Dearest Sweetheart

¡Ay! lin-da_a - mi - ga, que no vuel-vo_a ver - te, Cuer - po ga-
Ah, dear-est sweet - heart, how proud and un - bend - ing, Beau - ti - ful

rri - do, que me lle - va_a la muer - te. No hay_a-mor sin pe - na,
la - dy, now my life you are end - ing. No love with-out sor - row,

pe - na sin do - lor; Ni do - lor tan a - gu - do co - mo_el del a -
sor - row with-out pain; Nor a pain so in - tense as love's old sad re -

Malagueñas Al Emigrante
Malagueñas For The Emigrant

Considering that it would be neither just nor equitable to continue maintaining an absolute prohibition that forbids residents of the Canary Islands to seek with security in other countries the sustenance which they lack in their country and to provide an expedient departure of the excess population of said islands . . . Her Majesty, after having heard the opinion of the Royal Council, has decreed that the prohibition of emigration to America, that weighs heavily on the inhabitants of the Canary Islands, should cease. (Queen Isabella II, Royal Order, September 16, 1853)

By Jerónimo de Francisco

Un pue-blo_e-mi-gran-te, es-te pue-blo_en-te-ro.
La po-bre-za_a-rras-tra ha-cia o-tros sen-de-ros.
Em-i-grat-ing peo-ple that's the pop-u-la-tion.
Pov-er-ty up-roots us to an-oth-er na-tion.

Y yo can-to al e-mi-gran-te,
And I sing to the e-mi-gran-te,

Y yo can-to
And I sing to

57

en u - na tie - rra _____ le - ja - na,
pues la tie - rra e - ra un cal - va - ri - o,
in a strange dis - tant _____ coun - try,
for the earth was _____ a cal - va - ry,

Con el su - dor _____ an - he - lan - te.
Y la_in - di - gen - cia bas - tan - te.
Crushed by his sweat _____ each and ev - e - ry day.
He had e - nough _____ of his pov - er - ty.

Adiós ríos, adiós fontes
Good-Bye Rivers, Good-Bye Fountains

Romantic 19th-century poetess Rosalía de Castro wrote almost all her works in Galician, the language of the northwestern corner of Spain. Guitarist and composer Amancio Prado set this poem of hers to music in 1973.

Words by Rosalía Castro
Music by Amancio Prado

A - diós, rí - os; a - diós, fon - tes; a - diós, re - ga - tos pe - que - nos; a - diós
Good - bye, ri - vers; good - bye foun - tains; good - bye, springs of crys - tal wa - ter; Good - bye,

vis - ta dos meus o - llos, non sei can - do nos ve - re - mos.
sights my eyes did gaze on, who knows when we'll see each oth - er.

Mi - ña te - rra, mi - ña te - rra, te - rra
O my coun - try, o my coun - try, I grew

don - de me eu cri - ei, hor - ti - ña que que - ro tan - to, fi - guei -
up in this fair land, O, the gar - den that I did love so, and the

59

de - a que co - noz - co por un mun - do que non vin! Dei - xo_a-
vil - lage that I know well for a world un - seen, un - known! I_____ leave

mi - gos_____ por es - tra - ños, dei - xo_a vei - ga po - lo mar,_____ Dei - xo_en
friends to_____ be with stran - gers, leave the mead - ow for the sea,_____ Leave be -

fin can - to ben que - ro, ¡Quen pu - de - ra no_o dei - xar! A - diós, a -
hind what I love dear - est, It's too much to ask of me! Good - bye, good -

diós, que me vou,_ her - bi - ñas do cam - po - san - to, don - de meu pai se_en - te - rrou, her -
bye, I_ am gone,_ you weeds grow - ing in the church - yard, where my fa - ther lies a - lone, you

bi - ñas   que bi - quei tan - to,   te - rri - ña que nos cri - ou.

weeds I   have kissed so of - ten,   O   land where we both have grown.

Xa se_o - yen lon - xe, moi lonxe   as cam - pa - nas do Po - mar; Pa - ra

I can   hear them far a - way,   all the church bells of Po - mar; But for

min ¡ay!, coi - ta - di - ño, nun - ca máis   han de to - car.   Xa se_o -

me,   o,   sad and down - cast, the   say fare - well from a - far.   I can

63

ca - si - ña! ¡meu lar! A - diós, rí - os, a - diós fon - tes; a -
lit - le house, my home! Good - bye, ri - vers, good-bye, foun - tains; good-

diós, re - ga - tos pe - que-nos; a - diós, vis - ta dos meus o - llos, non sei
bye, springs of crys - tal wa - ter; good-bye, sights my eyes did gaze on, Who knows

can - do nos ve - re-mos. Non sei can - do nos ve - re
when we'll see each oth - er. Who knows when we'll see each oth

mos, Oh.
er, Oh.

Serranilla
Mountain Song

Ávila

En lo al - to de_a - que - lla mon - ta - ña yo cor - té_u - na
quie - ro_a un la - bra - dor - ci - llo que co - ja las

In the heights of that moun - tain up yon - der, I cut down a
love is a hard work - ing peas - ant who rounds up the

ca - ña, yo cor - té_u - na flor,_____ pa - ra_el la - bra - dor, la - bra -
mu - las y se vaya_a a - rar,_____ y_a la me - dia no - che me

tall cane, I cut down a flower_____ for that work - ing man, work - ing
mules, and who goes out to plow,_____ And who then at mid - night does

Si en lo alto de aquella montaña
te ofrezco una caña, te ofrezco una flor,
también labrador yo te quiero ofrecer
mi amor que es humilde y sencillo.

Y que con paciencia le gusta esperar
que a la media noche vengas a rondar,
con las castañuelas, con el almirez
y la pandereta que retumbe bien.

If in heights of that mountain up yonder,
I give you a tall cane, I offer a flower,
As well, my dear peasant, I'd offer to you
My love that is humble and true.

And patiently I am happy to wait
Till you come at midnight to serenade me,
With your castanets and your little brass bell,
And your tambourine that resounds through the night.

Estoy soñando con ella
I'm Dreaming Of Her

Andalucía

Can - tas al pie de mi re - ja,———— pa - ja - ri - to tú que_al
You are sing-ing at my win - dow,———— lit - tle bird, you're here each

al - ba,———— Can - tas al pie de mi re - ja, no ven - gas a des-per-
morn - ing,———— You are sing-ing at my win - dow, Don't come here now to a-

Siempre lo llevo en el cuello,	'Round my neck I always carry
El retrato de mi madre	The portrait of my dear mother.
Siempre lo llevo en el cuello,	'Round my neck I always carry...
Cuando me voy a acostar	And when I lie down to sleep,
Lo saco y le doy un beso	Out I take it, and I kiss it,
Y me *jarto* de llorar.	And then I begin to cry.
Molinero es el que canta,	Now the miller goes a-singing,
Música va por la calle,	In the streets I hear him singing.
Molinero es el que canta,	Now the miller goes a-singing,
Con el polvo de la harina	With the dust of his white flour,
Lleva ronca la garganta.	He is hoarse*, but singing gaily.
Música va por la calle,	In the streets I hear him singing.

* A play on words: "ronca" means hoarse
as well as the cry of a buck in heat.

Me llamaste "Morenita"
You Called Me "Little Dark-Skin"

Asturias

Me lla - mas - te mo - re - ni - ta, pen - san - do que_e - ra ba -
You did call me "lit - tle dark - skin," Think - ing that I was be -

je - za; me pu - sis - te_un ra - mi - lle - te de los
neath you; A bou - quet you did pre - sent me, From my

| Em | B7 | Em | *Chorus* Am Em B7 Em D#dim Em B7 Em B7 |

pies a la ca - be - za. Co - mo co - lo - re - a la ro - si - ta en el ro -
head to feet it cov - ered. How do ros - es on the bush turn to a crim - son

| Em | C Am6 G D7 G B7 Em Am | Em Am Em B7 Em |

sal; me - jor se me - ne - a tu cuer - pe - ci - to ga - lán.
hue? When you move your bo - dy I would rath - er look at you.

Me llamaste morenita,
pensando que tacha es.
Me pusiste un ramillete
de la cabeza a los pies. *Chorus*

Me llamaste morenita,
pensando que me enfadaba;
más vale ser morenita
que blanca y no tener gracia. *Chorus*

You did call me "little brown-skin,"
Thinking that it was a stain.
A bouquet you did present me,
From my head to feet it covered. *Chorus*

You did call me "little brown-skin,"
Thinking it would bother me.
Well, I'd rather be brown-skin,
Than have white skin and no grace. *Chorus*

Las palabras, amor mío...
All Those Words, My Dear Beloved...

Santander

Las pa - la - bras, a - mor mí - o,_____ el vien -
All those words, my dear be - lov - ed,_____ are now

to sue - le_____ lle - var - las,_____ de - jan - do
gone with the_____ wind, blown off,_____ Leav - ing be -

so - lo_el re - cuer - do_____ y_u - na_a - mar - gu - ra_en el
hind just the mem - 'ry,_____ And a soul that's sad and

Quie-res un ga-lán, _____ mi hi-ja te da-ré._____ ¡Ma-dre, que buena_esus-
If you want a boy-friend, I'll get one for you, dear._____ Moth-er, you're the ve-ry

ted! ¡Ay! que ya com-pren-dió mi ma-dre_el mal que ten-go yo.
best! Oh, how she un-der-stands, my moth-er dear, the pain I feel.

De sedas unos chapines,	A pair of silken slippers,
mi hija, te he de dar.	I'll give to you, my dear.
¡Ay!	Oh!
Madre, los chapines	Mother, but the slippers
no podrán mi mal sanar.	Will not cure me, I fear.
De oros unos zarcillos	A pair of golden earrings,
te voy a hacer labrar.	I'll have them make, my dear.
¡Ay!	Oh!
Madre, con zarcillos	Mother, but the earrings
no podrá mi mal sanar.	Will not cure me, I fear.
Si quieres, te regalo	And if you want, I'll give you
de perlas un collar.	A pearl necklace, my dear.
¡Ay!	Oh!
Madre, con collares	Mother, but the necklace
no podrá mi mal sanar.	Will not cure me, I fear.

La huevera
The Egg Lady

Salamanca

La hue - ve - ra es___ bue - na
The egg la - dy is___ quite a

mo - za_____ y to - do_el mun - do lo di - ce,_____ pe -
beau - ty,_____ and just ev - 'ry - bo - dy says it,_____ And

ro an - da al - bo - ro - ta - da_____ co - mo_un ban - do_____ de per -
she walks a - round_____ ve - ry noi - si - ly,_____ like a flock of_____ squawk - ing

76

Cuando se baila en la plaza,
con sus sayas, la huevera
levanta más rebullicio
que en marzo una ventolera. *Chorus*

Los ojos de la huevera
son encendidos carbones,
que ciegan si se les mira
y abrasan los corazones. *Chorus*

And when she does dance in the plaza,
With her skirts, the egg lady,
She raises up such great excitement,
Like the March wind with a pinwheel. *Chorus*

The flashing eyes of the egg lady,
Like two hot coals are flaming.
They'll blind the poor man who looks at them,
And set every heart on fire. *Chorus*

Canto de Romería
Pilgrimage Song

Castilla

E - res al - ta_y del - ga - da co - mo tu ma - dre, mo - re - na sa - la -
You are tall and so grace-ful, you're just like your moth - er, my dark-eyed

da, co - mo tu ma - dre. Ben - di - ta sea la ra - ma que_al tron - co sa -
love, like your moth-er dear. May the branch be — bless - ed, that comes from the

Chorus

le, mo - re - na sa - la - da, que_al tron - co sa - le. To - da la no - che_es -
trunk, oh, my dark eyed — love, that comes from the trunk. All night long I am

toy,_____ ni - ña, pen - san-do_en ti._____ Yo de_a - mo - res me
think - ing, dar - ling, think-ing of you._____ From love I'm simp- ly

mue - ro, des - de que te vi, mo - re - na sa - la - da, des-de que te
dy - ing, since I first saw you, oh, my dark- eyed_____ love, since I first saw

1. vi._____
   you._____

2. vi._____
   you._____

Eres como la rosa de Alejandría,
Morena salada, de Alejandría.
Colorada de noche, blanca de día,
Morena salada, blanca de día. *Chorus*

You are just like the rose of Alexandria,
Oh, my dark-eyed love, of Alexandria.
Dark as midnight you are, and you are white as day,
Oh, my dark-eyed love, you are white as day. *Chorus*

Serrana
Mountain Girl

Córdoba

Me ti - ras - te un cla - vel_____ y con
You threw a car - na - tion to_____ me, and you

el tron_____ - co me dis - te,_____
hit me_____ with the stem._____

Vis - te la
Then you saw

Si mi *corasón* tuviera
vidrieritas de *cristá*,
te asomaras y lo *viera*
gotas *e* sangre *llorá*. *Chorus*

If my heart would only have
Windows made of purest crystal,
You would take a look and you'd see
Teardrops of blood that fall. *Chorus*

Ya no asomo a la reja
a que me solía *asomá*,
que me asomo a la ventana
que cae a la *soledá*. *Chorus*

I don't peer through the grill,
the one that I used to look through,
But rather, I gaze through the window
That falls on my solitude. *Chorus*

Mis pañales
My Diapers

Son tan bue-nos mis pa - ña - les,_____ Son tan bue-nos mis pa -
Yes, my dia-pers are as good   as,_____ Yes, my dia-pers are as

ña - les,_____ co - mo los que te pu - sie - ron,_____
good as,_____ Just as good as those that you   wore,_____

Sombra le pedí a una fuente,
sombra le pedí a una fuente
y agua le pedí a un olivo,
que me han puesto tus quereres
que no sé lo que me digo
y soy burla de la gente.

I sought cool shade at a fountain,
I sought cool shade at a fountain;
Asked an olive tree for water,
For your love has made me crazy,
And I don't know what I'm saying,
And the people all mock me.

Quita la mula rucia
Unhitch The Light-Brown Mule

Murcia

Qui - ta la mu - la ru - cia, pon - me la ne - gra.
Un - hitch the light-brown mule, Give me the black one.

Qui - ta la mu - la ru - cia, pon - me la ne -
Un - hitch the light-brown mule, Give me the black

gra, pon - me la ne - gra, pon - me la ne gra -
one, give me the black one, give me the black one.

porque vaya de lu — — to quien va de_au - sen - cia,
The one who goes in mourn — — ing is he who goes a-lone,

quien va de_au - sen - cia.
is he who goes a - lone.

Déjame a la trasera
del carro, Pedro,
porque vaya más cerca
del bien que dejo.

Pobres mulitas mías,
si mi cuidado,
como pesa en el alma,
carga en el carro.

Just leave me at the rear
Of the wagon, Pedro,
So I can be near
To the goods I'm leaving.

Oh, my poor little mules,
If all my cares
Do weigh as much on my soul
As the load in the wagon.

Aquel pino...
That Pine Tree...

Extremadura

A - quel pi - no que_es-tá_en el pi - nar, flo - ri - do_y her -
That pine tree that is off in the woods, so flow - 'ring and

mo - so,_____ a cor - tar - le qui - sie - ron en - trar, cua -
pret - ty,_____ And to cut it down one day there come four

tro bue - nos mo - zos._____ A cor - tar - le qui - sie - ron en -
good - look - ing fel - lows,_____ And to cut it down, one day they

Aquel pino que está en el pinar,	That pine tree that is off in the woods,
hermoso y florido,	So flowering and pretty;
solamente lo podrá cortar	He only can cut it down,
mi amor más querido.	My dearest own sweetheart.
Solamente lo podrá cortar	He only can cut it down,
si es bueno y honrado,	If he's good and honorable,
solamente lo podrá cortar	He only can cut it down,
después de casado.	After we are married.

El fandango de Castalla
The Fandango From Castalla

Quisiera verte, bien mío,	I would like to see you darling,
treinta días en el mes,	Thirty days in every month,
seis días a la semana	Seven days in every week,
y cada minuto una vez.	And also once a minute.
Encima de tu castillo	High above your castle ramparts
he de poner un letrero	I am going to hang up a sign,
con letras grandes que digan:	And with big letters that spell out:
Castalla, ¡cuanto te quiero!	Castalla, how much I love you!
A la puerta de tu casa	At the front door of your dwelling,
hay un charco y no ha llovido,	There's a puddle, but no rain fell.
son lágrimas de un galán	They're the tears of a young man,
que de ti se ha despedido.	Who to you has bid his farewell.
Al cantar la despedida,	When I sing this farewell to you,
mucha tristeza he tenido,	A great sadness wells inside me,
porque me duele dejar	For it pains me to forsake
este baile tan querido.	This dance that I love so dearly.

Los bibilicos
The Nightingales

The text is Ladino, the Spanish spoken by Jews who lived in Spain until 1492.

Las tres cautivas
The Three Captives

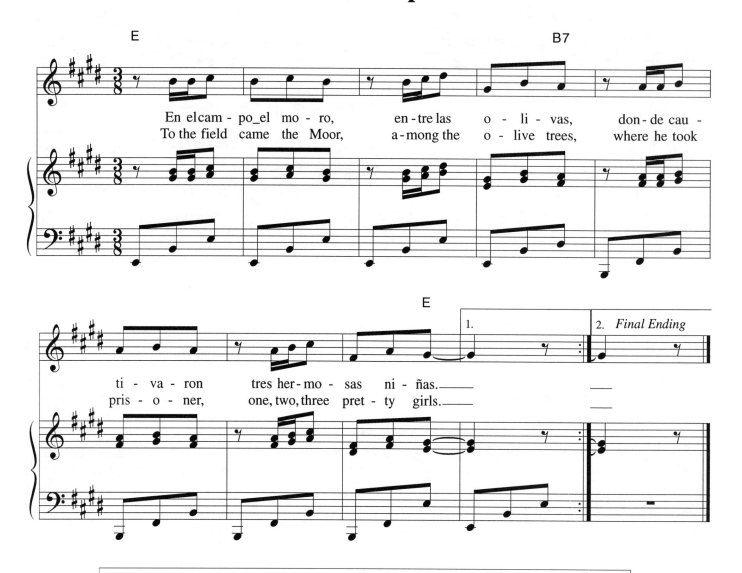

En elcam - po_el mo - ro, en - tre las o - li - vas, don - de cau -
To the field came the Moor, a - mong the o - live trees, where he took

ti - va - ron tres her - mo - sas ni - ñas.___
pris - o - ner, one, two, three pret - ty girls.___

1.
2. *Final Ending*

El pícaro moro
que las cautivó
a la reina mora
se las entregó.

Then the vile, scheming Moor,
Who had just captured them,
Went to the Moorish queen,
And gave the girls to her.

—Toma reina mora
estas tres cautivas
para que te hagan
lo de la cocina.

Take them, my Moorish queen,
These three young prisoners,
And they will do for you,
All the work in your home.

Constancia fregaba
María tendía
y la más pequeña
a la fuente iba.

Constancia scrubbed the floor,
Maria hung the wash,
And the youngest one,
To the fountain did go.

Una vez que Rosa a la fuente iba, encontró un anciano por la sierra arriba	One day when young Rosa Did go to the fountain, There she met an old man, Who came from the mountain.
—¿Dónde va *usté,* anciano, por esos caminos? —A buscar tres hijas que se me han perdido.	"Where're you going, old man, On these winding highways?" "Looking for my three daughters, That I did lose one day."
—¿Cómo se llamaban esas tres cautivas? —La mayor Constancia, la menor Lucía y la más pequeña era Rosalía.	"Tell me, what were the names of these three prisoners?" "The oldest, Constancia, And the next was Lucia, And the youngest was named Rosalia." *(Repeat last 5 measures for this line.)*
—Usted es mi padre y yo soy su hija; yo he de dar cuenta a mis hermanitas.	"Oh, you are my father dear, And I am your youngest child. I must go and tell the news To my two older sisters."
Llegó a casa Rosa y dijo a María: —He visto a papá por la sierra arriba.	And when Rosa came back home, She said to Maria then, "I have seen our dear papa, Who has come from the mountain."
Constancia lloraba, María gemía y la más pequeña las consolaría.	Then Constancia did cry, And Maria, she did moan, But the youngest sister, She consoled the other two.
—Calla tú Constancia, calla tú, María, que si viene el moro nos cautivaría.	"Quiet now, Constancia, Quiet now Maria, too. If the Moor should come in now, He would lock us up anew."

Bailaor que estás bailando
Oh, You Dancer Who Is Dancing

Bai - la - or que_es - tás bai - lan - do,\
Oh, you dan - cer who is danc - ing,

bai - la - or que_es - tás bai - lan - do,\
oh, you dan - cer who is danc - ing,

mue - ve las pa - tas con gra - cia,\
grace - ful - ly move your feet now,

que pa - re - cen al - pi - co - ces,\
they look just like two cu - cum - bers,

cuan-do_aún es - tán en la ma - ta,————
while they still are in the gar - den,————

cuan-do_aún es-tán en la ma - ta.——
while they still are in the gar - den.——

La Peña Rubia se casa
con Picachos de Cabreras,
y los padrinos son
las sierras de Carbonera.

Peña Rubia did get married
To Picachos de Cabreras,
And the godparents are
The Sierras de Carbonera.

*Peña Rubia, Picachos de Cabrera and Sierras de Carbonera are mountains.

Great Music at Your Fingertips